Markus Groß

Das ITIL®-Referenzmodell im Kontext einer IT-Strategie

GRIN Verlag

Bibliografische Information der Deutschen Nationalbibliothek:

Die Deutsche Bibliothek verzeichnet diese Publikation in der Deutschen National-
bibliografie; detaillierte bibliografische Daten sind im Internet über http://dnb.d-
nb.de/ abrufbar.

Impressum:

Copyright © 2009 GRIN Verlag GmbH
Druck und Bindung: Books on Demand GmbH, Norderstedt Germany
ISBN: 978-3-640-81512-8

Dieses Buch bei GRIN:

http://www.grin.com/de/e-book/165278/das-itil-referenzmodell-im-kontext-einer-
it-strategie

GRIN - Your knowledge has value

Der GRIN Verlag publiziert seit 1998 wissenschaftliche Arbeiten von Studenten, Hochschullehrern und anderen Akademikern als eBook und gedrucktes Buch. Die Verlagswebsite www.grin.com ist die ideale Plattform zur Veröffentlichung von Hausarbeiten, Abschlussarbeiten, wissenschaftlichen Aufsätzen, Dissertationen und Fachbüchern.

Besuchen Sie uns im Internet:

http://www.grin.com/

http://www.facebook.com/grincom

http://www.twitter.com/grin_com

Inhaltsverzeichnis

Abkürzungsverzeichnis

BSC	Balanced Scorecard
bzw.	beziehungsweise
CCTA	Central Computer and Telecommunications Agency
CI	Configuration Item
CMDB	Configuration Management Database
CMMI	Capability Maturity Model Integration
CMS	Conguration Management System
COBIT	Control Objectives for Business Information and Related Technologies
CSI	Continual Service Improvement
DB	Datenbank
DV	Datenverarbeitung
GDPdU	Grundsätze zur Datenüberlassung und Prüfbarkeit digitaler Unterlagen
ICT	Information and Communication Technology
IT	Informationstechnologie
ITIL	Information Technologie Infrastructure Libary
KPI	Key Performance Indicator
OGC	Oce of Government Commerc
PRINC2	Projects in controlled environments Version 2
RUP	Rational Unified Process
SAM	strategic business IT alignment model
SD	Service Design
SDP	Service Design Package
SO	Service Operation
SOX	Sarbanes-Oxley-Act
SS	Service Strategie
ST	Service Transition
USP	Unique Selling Proposition
vgl.	vergleiche
z.B.	zum Beispiel

1 Einführung

„Es ist nicht gesagt, dass es besser wird, wenn es anders wird. Wenn es aber besser werden soll, dann muss es auch anders werden"[1]

Die IT-Abteilung in heutigen Unternehmen wird permanent mit neuen Anforderungen und DV-Verfahren konfrontiert. Trotzdem genießt sie in Unternehmen selten Anerkennung, da sie lediglich als interner Dienstleister angesehen wird. Dauerhaft positive Leistungen werden selten wahrgenommen, während einzelne Störungen lange bei den Fachabteilungen in Erinnerung bleiben.[2]

Nicht nur die Verfügbarkeit von IT-Systemen ist für Unternehmen heutzutage von entscheidender Bedeutung, sondern vor allem die Unterstützung des Kerngeschäftes durch den Einsatz von IT. Die IT-Abteilung soll bei der Umsetzung der Ziele eines Unternehmens helfen und muss auf die Veränderung flexibel reagieren können.[3]

Um diesen Anspruch zu erfüllen, muss sich die IT-Strategie im Einklang mit der Strategie des Unternehmens befinden. In großen Unternehmen existiert zumeist eine eigene IT-Strategie, die nur die Bedürfnisse der IT-Abteilung darstellt. Das Problem hier ist, diese an den unternehmensweiten Zielen auszurichten, da das Top-Management eine entgegengesetzte Sichtweise als die IT Abteilung auf das Unternehmen hat.[4]

Der Best-Practice-Ansatz von ITIL bietet eine Möglichkeit, die Leistungen der IT für ein Unternehmen zu messen, dem Management transparent zu machen und somit mit den Unternehmenszielen zu synchronisieren. Hierfür stellt ITIL eine Reihe von flexiblen

---

[1] Georg Lichtenberg (*1742) Physiker, Schriftsteller, Universalgelehrter
[2] vgl. Blankenhorn, Hartmut (2005): Den Wertebeitrag der IT im Unternehmen ermitteln und steuern, in: Blomer, Roland/ Mann, Hartmund/ Bernhard, Martin G. (Hrsg): Praktisches IT-Management, 2 Aufl., Düsseldorf: Symposion Publishing GmbH
[3] van Bon, Jan (2005): IT-Service Management basierend auf ITIL, 2 Aufl., München: Van Haren Publishing
[4] Kamleitner, Jürgen/ Langer, Michael (2006): Business IT Alignment mit ITIL, COBIT, RUP, 1. Aufl., Bad Homburg: Serview Verlag GmbH

Werkzeugen und in der Praxis bewährte Prozesse zur Verfügung.[5] Wie kann ITIL die IT-Strategie unterstützen?

Diese Hausarbeit stellt die grundlegenden Konzepte und Entwicklungen des ITIL Referenzmodells bis zur aktuellen Version 3 dar und zeigt Möglichkeiten auf, die IT-Strategie auf Basis von ITIL in Unternehmen zu entwickeln.

---

[5]vgl. Holtz, Bernd (2005): IT Governance auf Basis von ITIL erfolgreich umsetzen, in: Blomer, Roland/ Mann, Hartmund/ Bernhard, Martin G. (Hrsg): Praktisches IT-Management, 2 Aufl., Düsseldorf: Symposion Publishing GmbH

2 Grundlagen

2.1 Problemstellung

Die Entwicklung und Formulierung der Geschäftsvision ist Aufgabe des Top-Managements eines Unternehmens. Diese Vision auf operationalisierbare konkrete Ziele für die Mitarbeiter eines Unternehmens herunterzubrechen ist eine komplexe Aufgabe. Die Balanced Scorecard von Kaplan/Norton ist eine Möglichkeit, diese Ziele für einzelne Geschäftsbereiche transparent zu machen und Abhängigkeiten zur Erreichung der Unternehmensvision darzustellen und letztendlich zur Steigerung des Unternehmenswertes beizutragen.[6]

Die IT eines Unternehmens wird oft als separater Support Prozess verstanden, der nichts zur Wertsteigerung des Geschäftes beiträgt. Daher hat die IT-Abteilung eine eigenständige, von den Zielen des Unternehmens losgelöste, Strategie.[7] Jedoch leistet die IT-Abteilung heutzutage einen erheblichen Beitrag zur Erreichung der Unternehmensziele, da sämtliche wertschaffende Geschäftsprozesse von ihr unterstützt werden und ohne diese nicht mehr erbracht werden könnten. Nicholas G. Carr stellte 2003 im Havard Business Magazin folgende These auf: „Today, no one would dispute that information technologie has become the backbone of commerce."[8] Diese These wird 2005 von Ursula Sury im Informatik Spektrum gestützt: "Der Einsatz von Informationstechnologie ist in der Informationsgesellschaft Basis und Instrument jeglichen unternehmerischen Handelns."[9]

Diese Aussagen verdeutlichen die Bedeutung der IT für ein Unternehmen, da sämtliche geschäftsrelevanten Informationen, der so genannte „genetic Code", mit IT-Systemen verwaltet und gespeichert werden.[10] Ohne IT ist ein Unternehmen heute nahezu handlungsunfähig. Somit ist eine Ausrichtung der IT-Strategie an der Geschäftsstrategie un-

---

[6]vgl. Kaplan, Robert S./ Norton, David P. (1997): Balanced Scorecard: Strategien erfolgreich umsetzen, 1 Aufl., Stuttgart: Schäffer Poeschel Verlag

[7]vgl. Kamleiter/Langer (2006), S. 12

[8]vgl. Carr, Nicholas G. (2003): IT doesn't matter, Harvard Business Review, Vol. May, S. 41 - 49

[9]vgl. Sury, Ursula (2005): IT-Governance, Informatik Spektrum, Vol. 23, S. 68 - 71

[10]vgl. Stahlknecht, Peter/ Hasenkamp, Ulrich (2005): Wirtschaftsinformatik, 11 Aufl., Berlin: Springer Verlag GmbH

erlässlich, um die Unternehmensvision zu erreichen.[11]

Die Entwicklung einer geeigneten IT-Strategie ist ein umfassender und komplexer Prozess. Referenzmodelle bieten bewährte Vorschläge, wie solche Strategien in Unternehmen umgesetzt werden. Diese auch als Framework bezeichneten Modelle, liefern, an ein Unternehmen angepasst, ein strukturierte Vorgehen zur Umsetzung einer Strategie.[12]

Im folgenden wird das Best-Practice Framework ITIL zur Implementierung einer IT-Strategie vorgestellt.

2.2 Der Lebenszyklus von ITIL

2.2.1 ITIL bis zur Version 3

ITIL ist die Abkürzung für „Information Technology Infrastructure Library" und stellt eine Bibliothek mit einer Sammlung von Best-Practices zum IT-Service-Management dar.[13]

Die erste Ausgabe der ITIL Bibliothek stammt aus dem Jahre 1989. Nach unterschiedlichen, jedoch nicht offiziell bestätigten Quellen, wird die Entwicklung dieser Bibliothek der britischen Premierministerin Margaret Thatcher zugeordnet. Sie soll im britischen Unterhaus die Effizienz und die Effektivität der gelieferten IT-Leistungen in englischen Behörden angezweifelt haben. Als Ergebnis dieser Anfrage wurde von der Central Computer and Telecommunications Agency (CCTA) die erste Version des Leitfadens entwickelt.[14]

Bis Mitte der 90er Jahre hat sich ITIL zu einem de facto Standard für IT-Service Management in England entwickelt. Da er in der ersten Fassung aus 40 Büchern mit 26 Modulen bestand, war das als ITIL V1 benannte Rahmenwerk ausserhalb von England kaum bekannt.[15] Zwischen den Jahren 1999 und 2004 wurde diese umfangreiche Sammlung überarbeitet und in elf Büchern zusammengefasst als ITIL Version 2 veröffentlicht. Kern dieses Best-Practice Rahmens waren die Prozesse Service-Support und Service-Delivery, also die Einteilung in geschäftsnahe und techniknahe/IT-betriebsnahe Prozesse.[16]

---

[11]vgl. Hansen, Hans Robert/ Neumann, Gustav (2005): Wirtschaftsinformatik 1 Grundlagen und Anwendungen, 9 Aufl., München: Lucius + Lucius Verlagsgesellschaft mbH
[12]vgl. Kamleiter/Langer (2006), S. 74
[13]vgl. Böttcher (2008), S. 1
[14]vgl. Schiefer/Schitterer (2008), S. 3
[15]vgl. Kresse (2008), S. 9
[16]vgl. Kresse (2005), S. 6

Die elementaren Prozesse von ITIL V2 sind in den sieben Kernbüchern beschrieben. Das erste Buch „Business Perspective" beschreibt die Umsetzung der strategischen Prozesse des IT-Service Management. Der zweite Band „Service Delivery" befasst sich mit der grundlegenden Planung, Kontrolle und Steuerung von IT-Leistungen. Im Dritten Buch „Service Support" wird die Umsetzung der Service Prozesse und die Sicherstellung der Leistungslieferung im Rahmen des Nutzer-Supports beschrieben, während das Management und die Wartung von Anwendungssystemen Kern des Buches „Application Management" ist.[17]

Im Band „ICT Infrastructure Management" werden die Aspekte des Infrastruktur-Managements, von der Planungsphase, über die Implementierung, bis hin zum Betrieb, zusammengefasst. Der Bereich des „Software Asset Management" beschreibt das Vorgehen zur effizienten und effektiven Verwaltung der Konfigurationseinheiten. Das letzte Kernbuch „Security Management" schließlich umfasst die Risiken der IT-Organisation bei der Planung und Umsetzung von IT-Services, sowie die Entwicklung geeigneter Maßnahmen zur Risikoreduktion.[18]

2.2.2 Das ITIL V3 Referenzmodell im Detail

Mitte 2007 wurde vom Office of Government Commerce (OGC), als Nachfolgeorganisation der CCTA, die dritte Fassung der ITIL Bibliothek, welche als ITIL V3 bezeichnet wird, veröffentlicht.

Mit der Version 3 von ITIL ging ein Paradigmenwechsel einher. Statt eines Referenzrahmens und den beiden Disziplinen Service-Support und Service-Delivery stellt sich ITIL nun als Lebenszyklusmodell dar, das im Kern aus insgesamt fünf elementaren Büchern besteht (siehe Abbildung 1):[19]

- Service Strategies (SS)
  Dieses Buch beschreibt die Verzahnung der IT-Strategie mit der Geschäftsstrategie. Schwerpunkte sind das Financial Management und das Service Portfolio Management

- Service Design (SD)
  Der Band beschreibt die Prozesse, die für die Entwicklung von Servicelösungen und der Gestaltung von Service Management Prozessen notwendig sind. Der Fokus liegt

---

[17]vgl. Kresse (2005), S. 9
[18]vgl. Kresse (2005), S. 12
[19]vgl. Böttcher (2008), S. 3

auf dem Service Level Management, Capacity Management, Availability Management, Continuity Management, Security Management und dem Supplier Management

- Service Transition (ST)
  Dieser Band behandelt die Methoden zur Implementierung neuer oder geänderter IT-Services. Veränderungen sollen mit möglichst geringem Risiko für den Geschäftsbetrieb umgesetzt werden. Kernpunkte sind das Change Management, das Release Management und das Configuration Management

- Service Operation (SO)
  In diesem Buch wird die Ausgestaltung der Schnittstellen zwischen Kunden und Nutzen beschrieben. Inhaltlicher Schwerpunkt sind das Incident Management sowie das Problem Management

- Continual Service Improvement (CSI)
  Das fünfte Buch widmet sich dem Dienstleistung- und Qualitätsmanagement der IT-Services, mit den Schwerpunkten des Verbesserungsprozesses und der Durchführung von Prozessaudits

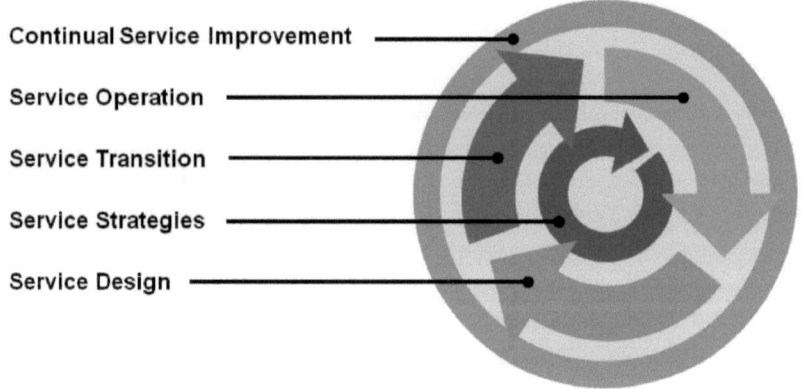

Abbildung 1: ITIL Lebenszyklusmodell[20]

Zum Verständnis von ITIL sind als Grundlage die Begriffe „Service Management", „Service", „Prozess" und „Service Lifecycle" zu klären. Unter Service Management versteht

---

[20]eigene Darstellung in Anlehnung an Beims (2008), S. 12

man die Generierung eines Mehrwerts für Kunden in Form von Services.[21] Diese Services sind standardisierte Methoden und Prozesse, die kosten- und nutzeneffizient zur Verfügung stehen. „Ein Service in ITIL bedeutet, einem Kunden einen Nutzen zu liefern, indem die erwarteten Ergebnisse produziert werden, ohne dass der Kunde die spezifischen Risiken zu tragen hat".[22] Die sachlogische zusammenhängende Reihe von Aktivitäten zur Erreichung eines definierten Ergebnisses wird in ITIL als ein Prozess verstanden. Dieser verursacht Kosten und verbraucht materielle und personelle Ressourcen. Merkmale eines Prozesses sind Ziel, Input, Aktivitäten, Output und Qualität. Der Service Lifecycle definiert eine Reihe ineinandergreifender Prozesse. Diese Prozesse sind so gestaltet, dass für hochwertige IT-Services die vorhandenen Ressourcen so effizient und effektiv wie möglich eingesetzt werden.[23]

Um die Zielerreichung der Prozesse messbar zu machen werden in ITIL Key Performance Indikatoren (KPI) definiert. Diese Indikatoren werden für jeden Teilschritt der Prozesse festgelegt.[24] „(...) KPI (...) sind Variablen, anhand derer man den Fortschritt hinsichtlich wichtiger Zielsetzungen oder kritischer Erfolgsfaktoren innerhalb einer Organisation ermitteln kann."[25] Die Auswahl sollte die Sicherstellung der Effizienz, Effektivität und Wirtschaftlichkeit berücksichtigen.[26]

Der Hauptunterschied zwischen ITIL V2 und V3 besteht in der konsequenten Ausrichtung an dem Lebenszyklus der IT-Produkte und IT-Dienstleistungen Dies führt zu einer größeren Kundenorientierung bei der Erbringung der IT-Services.[27] Auch wenn sich die Prozessabläufe der einzelnen ITIL Funktionen nicht grundlegend gegenüber der Version 2 geändert haben, wurden doch die Schnittstellen der einzelnen Prozesse untereinander so angepasst, um den Anforderungen eines Unternehmens bei der Implementierung der Services optimal Rechnung zu tragen. Die fünf-Phasen des Lifecycle-Ansatzes bilden die Gegebenheiten der meisten Organisationen nach.[28]

In den folgenden Ausführung wird immer von ITIL in der Version 3 ausgegangen.

---

[21]vgl. Kresse (2008), S. 41
[22]vgl. Kresse (2008), S. 43
[23]vgl. Böttcher (2008), S. 35
[24]vgl. Böttcher (2008), S. 11
[25]vgl. van Bon (2005), S. 24
[26]vgl. Kresse (2008), S. 176
[27]vgl. Kresse (2008), S. 14
[28]vgl. Böttcher (2008), S. 50

2.2.3 Verbreitung von ITIL in der Praxis

Die erste Studie in Deutschland zur Verbreitung von ITIL wurde im Jahr 2004 von Schmidt/Zepf/Dollinger an der Fachhochschule Aalen durchgeführt. Befragt wurden 217 Geschäftsführer von mittelständischen Unternehmen mit 100 bis über 100.000 Mitarbeitern. Ergebnis der Studie ist, dass bereits 25 % aller Unternehmen für die Prozessoptimierung ITIL einsetzen.[29] Sofern Unternehmen planen, eine Prozessoptimierung einzuführen, wollen sich etwa zwei Drittel (65%) dabei für das Modell ITIL entscheiden.[30]

Das Ergebnis der Studie aus Aalen wird durch die seit 2004 regelmäßig durchgeführten Befragungen des Informations- und Kommunikationstechnologie Dienstleisters Materna aus Dortmund gestützt. Nach der Studie im Jahr 2006 stellt sich heraus, dass in 34,3% der Unternehmen ITIL eingesetzt wird (40 % der Unternehmen setzten kein Referenzmodell ein).[31] Die im Jahr 2008 fortgeführte Studie zeigt einen deutlichen Anstieg auf einen ITIL-Einsatz von bereits 74% in deutschen Unternhemen. Auch die Version 3 von ITIL rückt immer mehr in den Fokus. Etwa ein Drittel (32%) der befragten Unternehmen setzen bereits Prozesse nach ITIL V3 um.[32]

International gibt es kaum repräsentative Studien zur Verbreitung von ITIL in der Praxis. Aus dem Jahr 2008 stammt eine Studie der IT-Beratungsfirma Dimension Data. Als Ergebnis lässt sich festhalten, dass ITIL vor allem in Europa verbreitet ist. Hiernach setzen dort etwa zwei Drittel der Unternehmen das Service-Management Framework ein, um die IT besser auf die Geschäftstrategie auszurichten. In den USA ist der Einsatz von ITIL noch gering. Nur rund 30% der IT-Verantwortlichen sind der Meinung, dass ITIL nennenswert zur Optimierung der Geschäftsprozesse beitrage. Die tatsächliche Umsetzung von ITIL Prozessen in den USA liegt demnach bei gerade 8%.[33]

Die weltweit zunehmende Verbreitung und Entwicklung wird durch den Verein „IT Service Management Forum" (itSMF e.V.) vorangetrieben. Dieser Verein ist in über 30 Ländern vertreten und fördert die Diskussion und den Erfahrungsaustausch mit der ITIL

---

[29] vgl. Schmidt, Rainer/ Zepf, Matthias/ Dollinger, Bernd F. (2004): IT-Service-Management - Aktueller Stand und Perspektiven für die Zukunft, 1 Aufl., Aalen: FH Aalen

[30] vgl. Schmidt/Zepf/Dollinger (2004), S. 52

[31] vgl. Wittig, Anne (2006): IT-Service-Management Executive-Befragung 2006, 1 Auf., Dortmund: Materna GmbH

[32] vgl. Wittig, Anne (2008): IT-Service-Management Executive-Befragung 2008, 1 Auf., Dortmund: Materna GmbH

[33] vgl. Gambichler, Thomas (2008): Zwei Drittel der Unternehmen setzen auf ITIL, 1 Aufl., Oberursel,: Dimension Data AG Co.KG

Bibliothek.[34] Mitglieder im Verein sind Einzelpersonen, Unternehmen, Hersteller und Gesellschaften der jeweiligen Länder. In Deutschland sind über 290 Unternehmen und 380 Einzelpersonen Mitglieder in dem 1991 gegründeten Verein[35]

2.3 Business-IT-Alignment

Das Wörterbuch übersetzt den englischen Begriff „Alignment" mehrdeutig mit den Worten Abgleich, Ausrichtung oder Einstellung[36]. Unter „Business-IT-Alignment" wird die gegenseitige Ausrichtung von Zielen und Strategien zwischen den Fachbereichen und den IT-Bereichen in Unternehmen verstanden.[37]

Business-IT-Alignment ist im übertragenen Sinne die Grundlage einer effizienten Zusammenarbeit zwischen internen oder externen Anbietern von IT-Dienstleistungen und dem Unternehmen als Kunde dieser Services[38]. Henderson, Venkatraman und Oldach entwickelten 1993 an der Harvard University ein strategisches Modell, um die Informationstechnologie mit dem Business zu verbinden, welches sie SAM (strategic business IT alignment model) nannten.[39]

Mit SAM beschreiben sie vier Ausrichtungsperspektiven des Unternehmens und der IT, die sich gegenseitig bedingen und so eine Business-IT-Alignment ermöglichen (siehe Abbildung 2). Die vier Bereiche (Domänen) sind:[40]

- Business scope (Kerngeschäft)
  Diese Perspektive beschäftigt sich mit dem Kerngeschäft der Unternehmung, wie den produzierten Produkten/Gütern sowie angebotenen Dienstleistungen, aber auch mit den Wettbewerbsvorteilen und Alleinstellungsmerkmalen (USP). Innerhalb dieser Persektive bedingen sich die Aspekte Kerngeschäft, Kernkompetenz und Unternehmensführung gegenseitig

---

[34]vgl. Handgrätinger, Steven (2008), istSMF e.V., itSMF - Arbeitskreise und -Projekte, http://www.itsmf.de/arbeitskreise_projekte.html (Stand 12.12.2008)
[35]vgl. Handgrätinger, Steven (2008), istSMF e.V., itSMF - http://www.itsmf.de/23.html (Stand 12.12.2008)
[36]Langenscheidt-Redaktion (2003): Langenscheidt Business-Wörterbuch Englisch, 1 Auf., Berlin/München: Langenscheidt Verlag KG
[37]vgl. Kamleiter/Langer (2006), S. 12
[38]vgl. Köhler (2007), S. 303
[39]vgl. Köhler (2007), S. 299
[40]Rentrop, Christopher Enrique (2004): Informationsmanagement in der Post-Merger Integration, 1 Auf., Berlin: Erich Schmidt Verlag GmbH

- Operations Infrastructure (Organisatorische Infrastruktur)
  Kern dieses Bereichs sind die Geschäftsprozesse, die die Organisation mit den Ver-
  antwortlichkeiten und den geschäftsspezifischen Qualifikationen und Erfahrungen
  zusammenfassen. Aspekte sind die organisatorische Infrastruktur, Geschäftsprozesse und Qualifikationen

- Technology scope (Technologischer Bereich, IT Strategie)
  Innerhalb dieser Perspektive wird die IT-Strategie als Gegenstück der Geschäftstrategie eines Unternehmens betrachtet. Hier wird entschieden, welche Projekte durchgeführt und welche Technologie eingeführt wird. Es finden sich die Aspekte IT-
  Führung, IT-Kernkompetenzen und systemspezifische Fähigkeiten wieder

- IT Infrastructure (IT Infrastruktur)
  In dieser Domäne werden alle IT spezifischen Prozesse wie das IT-Servicemanagement
  und Infrastructure Management verwaltet. Sie umfasst die drei Aspekte IT-Infrastruktur,
  betriebliche Prozesse und Fähigkeiten

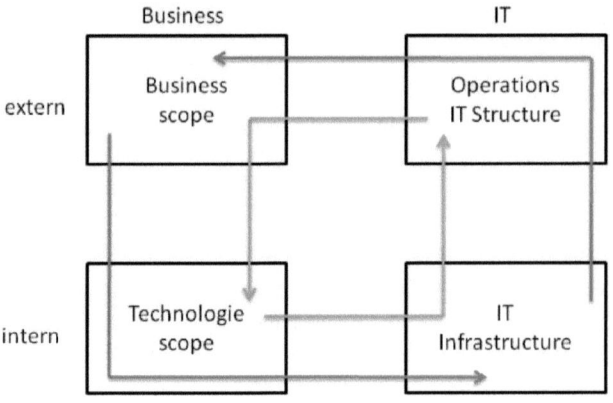

Abbildung 2: Abhängigkeit der SAM Ausrichtungsperspectiven[41]

Aus den beschriebenen vier Bereichen lassen sich zwölf mögliche Modelle ableiten, von
denen wiederum vier in der Praxis von der Geschäftsleitung umgesetzt werden.[42]

- IT als „cost center"

---

[41]eigene Darstellung in Anehnung an Rentrop (2007), S. 273
[42]vgl. Köhler (2007), S. 302

Im Vordergrund steht die Kostenminimierung, wobei die Geschäftstrategie die Ausrichtung der IT bestimmt.

- IT als „profit center"
  Hierbei geht es um die optimierte Nutzung der vorhandenen IT-Infrastruktur. Die Geschäftststrategie steht bei der Formulierung der IT-Strategie im Vordergrund.

- IT als „investment center"
  Die IT-Strategie bestimmt die Geschäftsttrategie, um neue IT-gestütze Geschäftsprozesse bereitstellen zu können.

- IT als „service center"
  Das Ziel ist die optimale Bereitstellung von IT-Services, wobei die IT-Strategie die IT-Infrastruktur bestimmt.

Der wesentliche Vorteil des Strategic Alignment Models liegt sowohl in der dynamischen Sichtweise der Zusammenhänge zwischen IT und Business, sowie der externen und internen Betrachtung bei der strategischen Abstimmung der IT- und Geschäftsstrategie[43]. Schwachpunkt des Models ist die nicht vorhandene Operationalisierung, also die konkrete Umsetzung von Handlungsanweisung an die IT-Abteilung und der Unternehmensführung.[44]

Dies ist ein Ansatz, bei dem das ITIL Referenzmodell die Entwicklung einer geeigneten IT-Strategie unterstützen kann, was im folgenden dargestellt wird.[45]

---

[43]vgl. Rentrop (2004), S. 22
[44]vgl. Rentrop (2004), S. 25
[45]vgl. Köhler (2007), S. 341

3 IT-Strategie auf Basis von ITIL

3.1 IT-Strategieentwicklung

Zur effektiven und effizienten Nutzung der Informationstechnologie bedarf es der richtigen IT-Strategieentwicklung. Hierbei steht die optimale Geschäftsunterstützung der Fachbereiche eines Unternehmens, sowie die mittelfristige Realisierung neuer IT-Produkte und IT-Dienstleistungen im Vordergrund.[46]

ITIL bietet mit dem Prozess „Service Strategie" eine kompakte und konkrete Basis für die strategische Ausrichtung der IT-Abteilung zur Unterstützung des Unternehmens bei der Erreichung der Geschäftsstrategie. Der Prozess Service Strategie, der im Zentrum des ITIL Service Lifecycles steht, unterteilt sich in die drei Subprozesse „Business Integration", „Service Portfolio Management" und „IT Financial Management".[47]

Die „Business Integration" ist eine zentrale Neuerung bei ITIL V3. Die IT-Services müssen sich stärker in den Geschäftsprozess eines Unternehmens integrieren. Hierdurch soll die bisherige Innenorientierung der IT-Abteilung mit dem Fokus auf technische Details aufgehoben werden.[48] Die zentrale Aussage hierbei ist:

„Kunden wollen keine Bohrer, sie wollen Löcher."[49]

Das „Service Portfolio Management" legt fest, welche Serviceangebote den Fachbereichen eines Unternehmens bereitgestellt werden und gewichtet diese nach Ihrem Nutzwert. Durch das „IT Financial Management" wird eine Verrechenbarkeit der IT-Dienstleistung durch eine IT-Abteilung erreicht. Dies ist die Abkehr vom reinen Umlageverfahren, wie es in den meisten Unternehmen heute praktiziert wird.[50]

---

[46]Blomer, Roland/ Bernhard, Martin G. (2003): Die Entwicklung einer IT-Strategie, in: Blomer, Roland/ Bernhard, Martin G. (Hrsg): Strategisches IT-Management, 2 Aufl., Düsseldorf: Symposion Publishing GmbH

[47]vgl. Kresse (2008), S. 54

[48]vgl. Buchsein, Ralf/ Victor, Frank/ Günther, Holger/ Machmeier, Volker (2007): IT-Management mit ITIL V3, 1 Aufl., Wiesbaden: Vieweg Friedr. + Sohn Verlag

[49]Theodore Levitt (*1925), Havard Professor

[50]vgl. Böttcher (2008), S. 24

3.2 IT-Strategieumsetzung

Auf Basis der in der Phase „Service Strategie" definierten und abgestimmten strategischen Ziele, bietet die Phase „Service Design" das Vorgehen, um die Services für ein Unternehmen umzusetzen. Nachdem die benötigten Geschäftsanforderungen aufgenommen wurden, werden diese im „Service Design Package" (SDP) zusammengefasst. Die Subprozesse im Modul SS sind „Service Katalog Management", „Capacity Management", „Availability Management", „IT-Continuity Management", „IT-Security Management" und „Supplier Management".[51]

„Strategie ist zu 90 % Umsetzung."[52]

Im „Service Katalog Management" werden alle verfügbaren und freigegebenen, sowie in der Umsetzung befindlichen IT-Services strukturiert verwaltet. Dieser Subprozess ist für die Vollständigkeit und Verfügbarkeit verantwortlich.[53] Der Subprozess „Service Level Management" verhandelt und dokumentiert Servicelevel Qualitäten mit internen und externen Auftraggebern.[54] Die Sicherstellung der „richtigen" Kapazität von IT-Services und der dafür benötigten IT-Ressourcen ist Aufgabe des „Capacity Managements"[55], wohingegen das „Availability Management" für die Verfügbarkeit der Services im notwendigen Umfang verantwortlich ist. Hierbei findet eine Synchronisation mit dem Servicekatalog, also den verfügbaren Services und dem Servicelevel Management statt.[56]

Das „Continuity Management" stellt Pläne auf, die im Katastrophenfall, also dem Ausfall der IT Infrastruktur, umzusetzen sind, um die zwingend benötigten Services in angemessener Zeit wieder verfügbar machen zu können. Die Sicherstellung des IT-Grundschutzes und die Gewährleistung von Datenschutz und Informationssicherheit wird im „Information Security Management" gesteuert.[57] Zuletzt dient der Subprozess „Supplier Management" der Steuerung und Integration der externen Lieferanten. Hierbei soll die anforderungsgerechte Zulieferung von IT-Dienstleistungen sichergestellt werden.[58]

---

[51]vgl. Buchsein/Victor/Günther/Machmeier (2007), 18
[52]Henry Mintzberg (*1939), Professor für Betriebswirtschaftslehre und Management
[53]vgl. Böttcher (2008), S. 33
[54]vgl. Böttcher (2008), S. 37
[55]vgl. Kresse (2008), S. 80
[56]vgl. Böttcher (2008), S. 53
[57]vgl. Kresse (2008), S. 85
[58]vgl. Böttcher (2008), S. 73

3.3 IT-Strategieanpassung

Das ITIL Buch „Service Transition" beschreibt Prozesse und Verfahren, wie Änderungen, die im Falle einer notwendigen Anpassung der Unternehmens- oder IT-Strategie notwendig werden, umzusetzen sind. In dieser Phase werden die Anforderungen aus den Prozessen Service Strategie und Service Design für einen effektiven Servicebetrieb umgesetzt.[59]

Um die an der IT-Infrastruktur notwendigen Änderungen zu steuern und zu kontrollieren, enthält die Strategieanpassung die Subprozesse „Transition Planing", „Change Management", „Service Asset and Configuration Management" und das „Releasemanagement".[60]

„Verbessern heißt verändern. Perfekt sein heißt demnach, sich oft verändert zu haben."[61]

Um den Geschäftsbetrieb bei Änderungen nicht unnötig zu beeinträchtigen, ist ein koordiniertes Vorgehen bei der Einführung von Änderungen an der IT-Infrastruktur notwendig. Dies ist die Aufgabe des Moduls „Transition Planning (and Support)", das Veränderungsmaßnahmen vorausplant und die Basis für Freigabeentscheidungen von Einführungsprojekten liefert.[62] Das zentrale Element der „Service Transition" ist das „Change Management". Hierbei werden Changes, wie das Hinzufügen, das Modifizieren oder das Entfernen eines IT-Services geprüft und gesteuert.

Aufgabe des Suprozesses „Service Asset und Configuration Management" ist es, die gesamte IT-Infrastruktur also Hard- und Software, sowie Wissen und Rechte, zu erfassen und zu dokumentieren. Die als Configuration Item (CI) bezeichneten Bestandteile der Infrastruktur werden im Configuration Management System (CMS) inklusive der Configuration Management Data Base (CMDB) verwaltet und stehen als wichtige Informationsquelle anderen ITIL Prozessen zur Verfügung.[63] Da Veränderungen selten nur an einzelnen IT-Komponenten vorgenommen werden, steuert das „Release Management" die Implementierung von zusammenhängenden Veränderungsmaßnahmen. Solche zusammenhängende Veränderungsmaßnahmen werden Release genannt.[64]

---

[59]vgl. Buchsein/Victor/Günther/Machmeier (2007), S. 18
[60]vgl. Böttcher (2008), S. 82
[61]Winston Churchill (*1874), englischer Politiker und Schriftsteller
[62]vgl. Böttcher (2008), S. 84
[63]vgl. Kresse (2008), S. 100
[64]vgl. Böttcher (2008), S. 108

Das ITIL-Referenzmodell im Kontext einer IT-Strategie
Markus Groß
Stand: 1. Februar 2011

3.4 IT-Betrieb

Letztlich geht es bei der IT-Strategie darum, für den Kunden einen optimalen Nutzen der angebotenen Support- und Service-Leistungen zu erreichen. „Aufwendungen in die sorgfältige Planung und Implementierung von IT-Services verpuffen nutzlos, wenn die zur Realisierung notwendigen operativen Prozesse und Tools nicht adäquat funktionieren.".[65] Im ITIL-Framework übernimmt der Prozess „Service Operation" diese Aufgabe. Dieses Modul unterteilt sich in die Subprozesse „Event Management", „Incident Management", „Request Fulfilment", „Problem Management" und „Access Management".

„Wenn über das Grundsätzliche keine Einigkeit besteht, ist es sinnlos, miteinander Pläne zu schmieden."[66]

Zusammengefasst kann man sagen, dass die Phase „Service Operation" dafür sorgt, dass die strategischen Ziele erreicht werden. Dies macht auch die kritische Bedeutung dieses Prozesses deutlich. Es wird ein stabiler Service Betrieb angestrebt, um Änderungen am Design, Skalierung, Inhalt und Service Level zu erlauben.[67]

Die Auswirkung von Störungen des IT-Betriebes auf die Geschäftsprozesse soll so gering wie möglich gehalten werden, daher ist es wichtig, potenzielle Störungen von IT-Komponenten frühzeitig zu entdecken. Im Optimalfall sollten Störungen proaktiv verhindert werden, so das diese den Geschäftsablauf nicht berühren. Diese Aufgabe wird vom „Event Management" übernommen, indem relevante Komponenten durch ein systemgestütztes Monitoring auf Abweichungen der Indikatoren überwacht werden.[68] Sollten Störungen auftreten, stellt das „Incident Management" sicher, dass sie schnellstmöglich behoben und auch nachhaltig beseitigt werden.[69] Um die Annahme und Umsetzung von Serviceaufträgen von IT-Nutzern kümmert sich das „Request Fulfilment".[70] Diese Aufträge erstrecken sich von Beratung und Information, sowie über die Bestellung und Bereitstellung von standartisierten IT-Services. Das „Problem Management" ermittelt bei unbekannten Ursachen von Störungen der IT-Services und versucht diese proaktiv zu erkennen. Lösungen und Workarounds werden in der Lösungsdatenbank (Known Error DB), dem „Incident Management" bereitgestellt.[71] Um einen autorisierten Zugriff auf IT-

---

[65]vgl. Böttcher (2008), S. 121
[66]Konfuzius (*551 v. Chr), chinesischer Philosoph
[67]vgl. Buchsein/Victor/Günther/Machmeier (2007), S. 21
[68]vgl. Böttcher (2008), S. 129
[69]vgl. Böttcher (2008), S. 133
[70]vgl. Kresse (2008), S. 134
[71]vgl. Kresse (2008), S. 136

Services und Daten sicherzustellen, wird dieses im „Access Management" Prozess geregelt. Neben dem generellen Schutzgedanken aus wettbewerbsrechtlichen Gesichtspunkten, fordern auch gesetzliche Anforderungen (wie z.b. die GDPdU oder SOX) dieses Vorgehen.[72]

3.5 IT-Qualitätssicherung

Die IT-Abteilung ist aufgefordert, permanent Anstrengungen zu unternehmen, um die gelieferte Servicequalität zu verbessern. Somit ist der erfolgreiche Abschluss eines Einführungsprojektes zur Etablierung von einer IT-Strategie auf der Basis von ITIL nicht das Ende der Bemühungen.[73]

„Wer aufhört, besser zu werden, hat aufgehört gut zu sein."[74]

Das ITIL-Buch „Continual Service Improvement" (CSI) gibt eine Handlungsanleitung, die sich nicht nur über die eigentliche Leistungserbringung, sondern über den gesamten Lebenszyklus der IT-Services erstreckt. In erster Linie ist die permanente Anpassung der gelieferten IT-Services an die Anforderungen der Geschäftsprozesse die Aufgabe des CSI.[75] So soll sowohl die Prozess-Effektivität und -Effizienz, als auch die Kosten-Effektivität fortlaufend verbessert werden.

Dazu wurden die Erkenntnisse des Qualitätsmanagements etabliert, der aus einem siebenstufigen Verbesserungsprozess besteht. Der Kern leitet sich aus dem von Eduard-Deming[76] entwickelten vier-Phasen Modell des Deming Kreises ab. Die Phasen sind Planen (plan, Soll), Durchführen (do, Ist), Überprüfen (check, Soll-Ist-Vegleich) und Korrigieren (act, Justieren). Mit jedem Durchlauf wird ein höherer Reifegrad erreicht und der Schwerpunkt der Überprüfung und Justierung wird verlagert. Letztlich führt die kontinuierliche Analyse von Faktoren, die die Servicequalität beeinflussen, zu einer Minimierung der Schwachstellen und zur Steigerung der Effizienz.[77]

---

[72]vgl. Böttcher (2008), S. 149
[73]vgl. Böttcher (2008), S. 153
[74]Philipp Rosenthal (*1855), deutscher Unternehmer und Politiker
[75]vgl. Buchsein/Victor/Günther/Machmeier (2007), S. 22
[76]William Edwards Deming (*1900), amerikanischen Physiker und Statistiker
[77]vgl. Böttcher (2008), S. 155

3.6 Schnittstellen

Neben ITIL gibt es noch weitere Referenzmodelle, die ein Unternehmen bei der Umsetzung einer IT-Strategie umterstützen. Hierzu stellt ITIL eine Reihe von Schnittstellen zu anderen Frameworks und Best-Practices, wie z.b. COBIT, PRINCE2 und CMMI, bereit.

COBIT (Control Objectives for Information and related Technology), ursprünglich von der Information Systems Audit and Control Association entwickelt, gilt als das international am meist verwendete Framework für IT-Governance[78], also die Sammlung von Verfahren und Maßnahmen, die sicherstellen sollen, dass mit Hilfe der IT die Geschäftsprozesse unterstützt, Ressourcen effizient und gewinnmaximierend eingesetzt und Risiken kontrolliert werden.[79] „Dabei konzentriert sich COBIT im Wesentlichen darauf, WAS erforderlich ist, um eine angemessene Steuerung der IT zu erreichen, und weniger auf das WIE."[80]

Das Framework PRINCE2 (PRojects IN Controlled Environments) wurde ebenfalls, wie ITIL, von der OCG als Standard der britischen Regierung zur Steuerung von IT-Projekten entwickelt.[81] PRINCE2 bietet eine gemeinsame Sprache für alle am Projekt Beteiligten und liefert eine effektive Möglichkeit, Ressourcen und Risiken zu steuern. Daher ist PRINCE2 auch das von der OCG empfohlene Modell um ITIL in einem Unternehmen einzuführen.[82]

Die Capability Maturity Model Integration (CMMI), entwicklet an der Carnegie Mellon University in Pittsburgh, analysiert Stärken und Schwächen von IT und schafft so ein Reifegradmodell zur Beurteilung und Verbesserung von Entwicklungsprozessen in Unternehmen.[83] Der Reifegrad bezieht sich auf die Prozessimplementierung und wird in fünf Stufen (Initial, Managed, Defined, Quantitatively Managed und Optimizing) angegeben.[84]

In den letzten Jahren hat sich herausgestellt, das ITIL und COBIT gut miteinander kombiniert werden können. Die gegensätzlichen Zielsetzungen, bedingt durch die unterschiedliche Herkunft der Modelle, ergänzen sich gut. Mit ITIL wird beschrieben, wie Service Management in einer IT-Abteilung betrieben werden kann und COBIT zeigt auf, wie diese Services kontrolliert werden.[85] Das Projektmanagement Best-Practice PRINCE2

---

[78]vgl. Kamleiter/Langer (2006), S. 41
[79]vgl. Buchsein/Victor/Günther/Machmeier (2007), S. 56f
[80]vgl. Kresse (2008), S. 22
[81]vgl. Kresse (2008), S. 37
[82]vgl. Kresse (2008), S. 38f
[83]vgl. van Bon (2005), S. 24
[84]vgl. Kresse (2008), S. 32
[85]vgl. Kamleiter/Langer (2006), S. 76

stammt aus dem „selben Haus" wie ITIL und daher sind die Prozesse von ITIL optimal auf die Implementierung im Rahmen eines Einführungsprojektes mittels PRINCE2 ausgelegt.[86] Die Methode des CMMI bietet ergänzend zu COBIT eine Möglichkeit, den Reifegrad eines Unternehmens bei der Prozessimplemtierung zu messen und dient damit zusätzlich zum ITIL Prozess CSI, die Services permanent zu verbessern.[87]

---

[86]vgl. Kresse (2008), S. 39
[87]vgl. Buchsein/Victor/Günther/Machmeier (2007), S. 22

4 Zusammenfassung

Die Informationstechnologie hat in den letzten Jahren einen elementaren Paradigmenwechsel vollzogen. Die zentrale Aufgabe der IT wird zusehends nicht nur als Rationalisierungsinstrument gesehen, sondern, im Zuge des Business-IT-Alignment als Instrument mit wertschaffendem Charakter, welches an den Business-Strategien und damit an den Unternehmenszielen ausgerichtet ist. Hierzu bedarf es einer IT-Strategie, die mit der Geschäftstrategie synchronisert ist.

Ziel dieser Hausarbeit war es, die grundlegenden Konzepte von ITIL darzustellen und Möglichkeiten aufzuzeigen, wie man die IT-Strategie mit Hilfe des Best-Practice Ansatzes von ITIL ausrichten kann.

ITIL hat sich von der ersten Version 1989, über die zweite Version mit einem prozessorientierten Ansatz, bis zur aktuellen Version ITIL V3 stark weiter entwickelt und mit dem Service Lifecycle Ansatz an die heutigen Anforderungen der IT-Abteilungen angepasst. Durch dieses fünf Phasen Modell gelingt es der IT-Abteilung, ihre Tätigkeiten mit den Geschäftsprozessen abzustimmen. Daher setzen bereits über zwei Drittel aller Unternehmen in Europa ITIL für die Optimierung der IT-Service Angebote ein. Auch international findet dieser Ansatz immer weitere Verbreitung. Mit dem Prozess „Service Strategie" werden die grundlegenden IT-Strategien definiert und mit den Geschäftsprozessen abgestimmt. Die Prozesse „Service Design", „Service Transition" und „Service Operation" greifen ineinander und sorgen für eine optimale Umsetzung der IT-Strategie. Ebenso wird die kontinuierliche Abstimmung bei Änderungen der Geschäftstrategie sichergestellt. Der Prozess „Continual Service Improvement" regelt die permanente Qualitätssicherung der IT-Abteilung, so dass die geboten Services fortwährend proaktiv verbessert werden. Hiermit können alle Aufgaben der IT in Unternehmen abgedeckt werden. Schnittstellen zu weiteren Frameworks erweitern die Möglichkeiten von ITIL noch.

Diese Prozesse machen die Funktionen der IT gegenüber der Geschäftsleitung transparent und messbar, somit wird das Business-IT-Alignment zuverlässig sichergestellt. ITIL stellt somit ein geeignetes Instrument dar, um die IT-Strategie in Unternehmen auszurichten.

Literaturverzeichnis

[1] Blomer, Roland/ Bernhard, Martin G. (2003): Strategisches IT-Management, 2 Aufl., Düsseldorf: Symposion Publishing GmbH

[2] Blomer, Roland/ Mann, Hartmund/ Bernhard, Martin G. (2005): Praktisches IT-Management, 2 Aufl., Düsseldorf: Symposion Publishing GmbH

[3] van Bon, Jan (2005): IT-Service Management basierend auf ITIL, 2 Aufl., LK Zaltbommel: Van Haren Publishing

[4] Böttcher, Roland (2008): IT-Servicemanagement mit ITIL V3, 1 Aufl., Hannover: Heise Zeitschriften Verlag GmbH & Co. KG

[5] Buchsein, Ralf/ Victor, Frank/ Günther, Holger/ Machmeier, Volker (2007): IT-Management mit ITIL V3, 1 Aufl., Wiesbaden: Vieweg Friedr. + Sohn Verlag

[6] Carr, Nicholas G. (2003): IT doesn't matter, Harvard Business Review, Vol. May, S. 41 - 49

[7] Gambichler, Thomas (2008): Zwei Drittel der Unternehmen setzen auf ITIL, 1 Aufl., Oberursel: Dimension Data AG & Co.KG

[8] Handgrätinger, Steven (2008), istSMF e.V., itSMF - Arbeitskreise und -Projekte, http://www.itsmf.de/ (Stand 12.12.2008)

[9] Hansen, Hans Robert/ Neumann, Gustav (2005): Wirtschaftsinformatik 1 Grundlagen und Anwendungen, 9 Aufl., München: Lucius + Lucius Verlagsgesellschaft mbH

[10] Kamleitner, Jürgen/ Langer, Michael (2006): Business IT Alignment mit ITIL, COBIT, RUP, 1 Aufl., Bad Homburg: Serview Verlag GmbH

[11] Kaplan, Robert S./ Norton, David P. (1997): Balanced Scorecard: Strategien erfolgreich umsetzen, 1 Aufl., Stuttgart: Schäffer-Poeschel Verlag

[12] Köhler, Peter T. (2007): ITIL. Das IT-Servicemanagement Framework, 4 Aufl., Berlin: Springer Verlag GmbH

[13] Kresse, Michael (2005): Fokus ITIL - IT-Service Management, 1 Aufl., Bad Homnburg: Serview Verlag GmbH

[14] Kresse, Michael (2008): learn ITIL V3 - Reference Pocket Book, 1 Aufl., Bad Homburg: Serview Verlag GmbH

[15] Langenscheidt-Redaktion (2003): Langenscheidt Business-Wörterbuch Englisch, 1 Aufl., Berlin/München: Langenscheidt Verlag KG

[16] Niedermair, Elke Michael (2006): LaTeX- Das Praxisbuch, 3 Aufl., Poing: Franzis Verlag GmbH

[17] Rentrop, Christopher Enrique (2004): Informationsmanagement in der Post-Merger Integration, 1 Aufl., Berlin: Erich Schmidt Verlag GmbH

[18] Schiefer, Helmut/ Schitterer, Erik (2008): Prozesse optimieren mit ITIL, 2 Aufl., Wiesbaden: Helmut Schiefer und Erik Schitterer

[19] Schmidt, Rainer/ Zepf, Matthias/ Dollinger, Bernd F. (2004): IT-Service-Management - Aktueller Stand und Perspektiven für die Zukunft, 1 Aufl., Aalen: FH Aalen

[20] Stahlknecht, Peter/ Hasenkamp, Ulrich (2005): Wirtschaftsinformatik, 11 Aufl., Berlin: Springer Verlag GmbH

[21] Sury, Ursula (2005): IT-Governance, Informatik Spektrum, Vol. 23, S. 68 - 71

[22] Wittig, Anne (2006): IT-Service-Management Executive-Befragung 2006, 1 Aufl., Dortmund: Materna GmbH

[23] Wittig, Anne (2008): IT-Service-Management Executive-Befragung 2008, 1 Aufl., Dortmund: Materna GmbH